Vorwort

Lieber Leserin, lieber Leser,

an dieser Stelle beginnen viele Bücher mit einem Einführungskapitel, welches erfahrungsgemäß von maximal 10% der Leser tatsächlich gelesen wird.

Da würden dann so Dinge wie „Was ist ein Ofen?" oder „Ofentipps für Einsteiger" sowie „Warum überhaupt ein Ofen?" und ähnlicher Kram stehen. ***Manchmal mehr, manchmal weniger hilfreich*** *– immer öfter auch um Seiten zu schinden, weil im Buch an sich dann nur 20 Rezepte drin sind. Klar: Gerade bei einem ungewöhnlichen, komplizierten oder recht „neuem" Gerät (z.B. Reiskocher, Spiralschneider oder Thermomix) macht dies durchaus Sinn.*

Nur: *Was soll ich Ihnen hier an sinnvollen Tipps mitgeben?*

Dass man bei neuen Backöfen inzwischen einen Hochschulabschluss braucht, weil die Funktionen laut Handbuch gar nicht wenige sind?

Dass man nicht immer vorheizen muss und die Zeitangaben immer auf den eigenen Backofen hin angepasst betrachtet werden müssen?

Dass die Pyrolysefunktion zwar nett ist, aber man mit einem Backofenputzmittel und einem Lappen schlussendlich doch bessere Reinigungsergebnisse erzielt?

Oder vielleicht gar ein paar Worte über die Geschichte des Backofens von den Anfängen im Kaiserreich bis hin zur Wiedervereinigung?

Dass man sich den ***Kauf einer Heißluftfriteusse sparen kann****, wenn man ein feuchtes Handtuch in die Backofentüre klemmt und so seine Speisen analog zur Heißluftfriteusse zubereiten kann (ups…das war jetzt doch ein Tipp)?*

Das mag alles seinen Platz haben – aber nicht hier. Ich halte sie für mündig und der grundsätzlichen Küchennutzung mächtig. ***Dieses Buch ist für all jene gedacht, die leckere, interessante und teils auch ungewöhnliche Rezeptideen suchen.*** *Schließlich ist dies doch der Kern jedes Kochbuches: Die Rezepte.*

Ok, ganz ohne ein paar Hinweise kommen wir hier dennoch nicht aus:

Die Nährwertangaben basieren auf den Angaben von Cronometer (Kanada) und wurden auf Plausibilität gegengeprüft. Eine Portion ist definiert als ungefähr eine Handvoll der jeweiligen Speise bzw. aus der Logik des Gerichtes heraus (z.B. wäre ein Muffin = eine Portion). **Wenn nicht anders beschrieben, sind die Nährwertangaben pro Portion ausgewiesen.** Die Nährwertangaben unterliegen in der Praxis naturbedingten Schwankungen. Es wurden – soweit sinnvoll - Mittelwerte verwendet (z.B. wenn im Rezept „1 Paprika" steht, wurde für die Nährwerte eine mittelgroße Paprika zugrunde gelegt).

Die ausgewählten Zutaten sollten in jedem, größeren deutschen Supermarkt erhältlich sein. Ansonsten sind Alnatura, der Landwirt um die Ecke, das Reformhaus und Co. gute Anlaufstellen - wenn man denn will. **Wo erfahrungsgemäß nötig, werden Ersatzzutaten vorgeschlagen** – schließlich sind nicht bei jedem Leser exotische Spezialgeschäfte in direkter Nachbarschaft angesiedelt.

Wir verwenden beim Backofen – sofern nicht anders beschrieben – die Umlufftfunktion. Ober-Unterhitze ist ggf. auch akzeptabel.

Die Rezepte sind der Übersicht halber in Kategorien eingeteilt.

Für die elektronische Ausgabe: **Das Inhaltsverzeichnis ist über die Inhaltsverzeichnisfunktion des Readers aufrufbar.** Dies kann von Gerät zu Gerät abweichen und liegt nicht im Einflussbereich dieses Buches.

Auf Hochglanzbilder vom Foodstylisten wird zugunsten eines günstigeren Preises verzichtet – und, weil es aus ethisch-moralischen Gründen für mich nicht vertretbar ist, Sie mit „aufgepeppten" Kunstphotos hinters Licht zu führen. Erschreckend oft handelt es sich dabei um „generische Bilder", also Photos von z.B. **EINEM** Auflauf, aber nicht **DEM** Auflauf aus dem Rezept. Hand aufs Herz: Wann sieht ein Gericht schon so aus wie auf den Hochglanzphotos im Magazin, bei welchen extrem viel mit kleinen und großen Hilfsmitteln nachgeholfen wurde? Eben – sehr selten.

Es wurde darauf geachtet, **dass in den Rezepten möglichst nur der Backofen verwendet wird** – nur ganz selten brauchen wir mal auch die Pfanne oder Ähnliches (und dann meist auch nur optional). Für über 90% der Gerichte trifft dies auch zu, doch kann natürlich auf Hilfsmittel wie Messer, Gabel, Rührschüssel und Co. nicht verzichtet werden.

Gerne dürfen Sie natürlich nach der Lektüre eine **Bewertung** *auf den einschlägigen Plattformen hinterlassen. Dies hilft mir – nicht nur, wenn es sich um* **Lob** *handelt, sondern auch dann, wenn* **konstruktive Kritik** *angebracht wird – sehr weiter.*

Sollte sich vereinzelt der Fehlerteufel eingeschlichen haben, bitte ich dies zu entschuldigen.

Haben Sie Fragen oder Anregungen/Kritik? Sie erreichen mich unter www.lovelybooks.de – dort unter dem Autorenprofil „Mattis Lundqvist" erreichbar. Einfach per persönlicher Nachricht kontaktieren – ich überprüfe mein Postfach mindestens zweimal die Woche.

Nun jedoch wünsche ich Ihnen viel Spaß bei der Lektüre und einen guten Appetit.

Herzliche Grüße,

Mattis Lundqvist

Frühstück:

„Essen hält Leib und Seele zusammen“ – Sprichwort

Ein gutes Frühstück kann manchmal über das Gelingen des ganzen Tages entscheiden. Sofern man ein wenig Zeit (z.B. am Wochenende oder einem Urlaubstag) zur Verfügung hat, kann man mit bei 180°C (ohne vorheizen) gerösteten Cashews und dazu Tomaten sowie Gurken (beides gewürfelt) einen wunderbaren Frühstückssalat herbeizaubern. Einen Kleks Naturjoghurt griechischer Art dazu – und fertig ist ein gehaltvolles Frühstück.

Rührei mit Schinken und Käse

6 Portionen – 25 Minuten Zubereitungszeit

Zutaten: 8 Eier, 110 ml Wasser, 210 g gewürfelter Schinken, 120 g Frühlingszwiebeln, 180 g gewürfelte Tomaten, 180 g Cheddar, 1 TL Salz, 1 TL Pfeffer, 1 TL Knoblauchpulver, 1 TL Zwiebelpulver, ein wenig Speiseöl oder Kochspray

Zubereitung:

1. Den Ofen auf 230°C vorheizen.
2. Die (aufgeschlagenen) Eier, das Wasser und die Gewürze sowie den Käse in einer Schüssel vermengen.
3. Ein Backblech mit Kochspray einsprühen (oder mit Öl einfetten) und die Eiermischung draufgeben.
4. Acht Minuten lang im Ofen garen.
5. Die verbleibenden Zutaten hinzugeben und ein paar weitere Minuten garen.
6. Aus dem Ofen nehmen und abkühlen lassen.
7. Umrühren. Servieren und genießen.

Man braucht keine Pfanne für ein Rührei! Gerade wenn man Besuch hat und eine größere Menge zubereiten muss, eine interessante Alternative aus dem Ofen. Nährwertangaben, sofern nicht anders angegeben, pro Portion. 1 Portion = Faustregel: Eine Handvoll der Speise.

227 Kalorien | 6 g Fett | 11 g Kohlenhydrate | 14 g Proteine

Speck-Pilze-Kartoffel-Frühstück

3 Portionen – 1 Stunde 10 Minuten Zubereitungszeit

Zutaten: 2 große Kartoffeln (450-680 g), ½ große Zwiebel, 230 g Pilze (halbiert), 1 TL Thymian, ½ TL Rosmarin, ½ TL Chilipulver, ½ TL Salz, 1 EL Olivenöl, 4 Stücke Speck, 4 Eier, 2 Brotscheiben, 2 EL Petersilie, 160 g Cocktailtomaten, Salz und Pfeffer (zum Abschmecken nach persönlichem Gusto)

Zubereitung:

1. Ofen auf 220°C vorheizen. In der Zwischenzeit die Kartoffeln und Zwiebeln würfeln. Die gewürfelten Kartoffeln und Zwiebeln auf einem Backblech (mit Backpapier ausgelegt) verteilen. Pilze, die Gewürze und das Olivenöl in einer Schüssel vermengen.
2. Das Pilzgemisch über die Kartoffel-Zwiebel-Schicht gleichmäßig geben. Speck kleinschneiden und darüber träufeln. 35-40 Minuten backen, oder bis die Kartoffeln innen durch sind.
3. Anschließend das Blech aus dem Ofen nehmen und das Backpapier entfernen. Die Zutaten verbleiben auf dem Blech! Nun vier Stellen auf dem Blech freiräumen und mit Olivenöl beträufeln. Eier aufschlagen und auf die „freien Stellen" geben.

492 Kalorien | 21 g Fett | 60 g Kohlenhydrate | 21 g Proteine

Zubereitung:

4. Die Brotscheiben krümeln und über die Kartoffelmixtur geben. Nun 10 Minuten lang das Ganze im Backofen backen, bis die Eier fertig sind. Ggf. fünf Minuten länger, wenn diese richtig hartgekocht sein sollen.
5. Mit Petersilie, Tomaten und ggf. ein wenig extra Salz und Pfeffer abgeschmeckt servieren. Genießen.

Die Speise hält im Fall der Fälle den ganzen Tag vor. Champignons und Saiblinge passen geschmacklich am besten dazu.

„Wenn ihr gegessen und getrunken habt, seid ihr wie neu geboren; seid stärker, mutiger, geschickter zu eurem Geschäft" – Johann W. von Goethe

Preiselbeer-Pekannuss-Knuspermüsli

7 Portionen – 20 Minuten Zubereitungszeit

Zutaten: 120 g Haferflocken, 75 g getrocknete Cranberries, 60 g (halbierte) Pekannüsse, 2 TL Zimt, ½ TL Muskat, 2 EL Ahornsirup, 1 EL Kokosnussöl

Zubereitung:

1. Ofen auf 190°C vorheizen. Haferflocken, Cranberries und Pekannüsse auf einem mit Backpapier ausgelegtem Backblech verteilen. Mit Zimtpulver und Muskat beträufeln.
2. Ahornsirup und Kokosöl gleichmäßig darübergeben. Ggf. mit einem Spatel gut vermischen.
3. 10 Minuten backen. Kalt genießen.

Selbstverständlich lässt sich das Knuspermüsli mit Zucker oder mehr Ahornsirup süßer gestalten – sofern man das möchte. Auch ein Kleks Honig zum Verfeinern kann wahre, geschmackliche Wunder wirken.

189 Kalorien | 9 g Fett | 25 g Kohlenhydrate | 3 g Proteine

Hirsebrei mit Cranberries

1 Portionen – 1 Stunde 10 Minuten Zubereitungszeit

Zutaten: 50 g Hirse, ½ TL brauner Zucker, 1 EL getrocknete Cranberries, eine Prise Salz, 180 ml Milch, ½ TL Butter, 60 ml Milch (zum Servieren)

Zubereitung:

1. Alle Zutaten in einen Keramiktopf geben.
2. Topf auf ein Backblech mitsamt einer Alufolie (noch besser: Backpapier) als Abdeckung geben.
3. Backblech mit Topf in den kalten Ofen geben. Bei 180°C eine Stunde backen lassen.
4. Anschließend den Topf aus dem Ofen nehmen und gut durchrühren. Ggf. mit ein wenig Butter und Milch die Suppe cremiger gestalten.
5. Servieren und genießen.

Schmeckt auch gut mit getrockneten Rosinen oder Kirschen statt Cranberries.

397 Kalorien | 12 g Fett | 62 g Kohlenhydrate | 14 g Proteine

Mango-Chili-Toast

4 Portionen – 40 Minuten Zubereitungszeit

Zutaten: 2 große Eier, 120 ml Milch, 1-2 EL Ahornsirup, ½ TL Zimt, eine Prise Salz, Kochspray oder ein wenig Öl zum Beträufeln, 4 Scheiben Vollkornweizenbrot, 1 Mango (gewürfelt, oder Mangowürfel aus dem Kühlregal), 1 EL rotes Paprikapulver, 1 TL Butter

Zubereitung:

1. Ofen auf 180°C vorheizen. In einer Schüssel Eier, Milch, Ahornsirup, Zimt und Salz vermengen. Das Backblech gut mit Öl einfetten bzw. mit Kochspray einsprühen. Brotscheiben beidseitig in die Eiermixtur tunken auf das Backblech geben. Restliche Eiermixtur anschließend auf den Brotscheiben verteilen.
2. Mango in Stücke schneiden und mit Paprikapulver verrühren.
3. Mangomischung gleichmäßig mittig auf die Brotscheiben geben. Anschließend jede Brotscheibe mit ¼ TL Butter über der Mangomixtur beträufeln.
4. 20 Minuten backen. Ggf. mit zusätzlichem Ahornsirup verfeinert genießen.

Ein praktisches Partygericht, gerade auch für das morgendliche Frühstück danach. Man kann gleich für die ganze Meute auf einen Schlag eine Ladung Toast vorbereiten.

248 Kalorien | 9 g Fett | 35 g Kohlenhydrate | 9 g Proteine

Speck mit Ahorn und Sriracha

8 Stücke – 50 Minuten Zubereitungszeit

Zutaten: 8 Scheiben Speck, 2 EL Ahornsirup, 2 EL Sriracha/scharfe Chilisauce

Zubereitung:

1. Ofen auf 200°C vorheizen. Ein großes, stabiles Blech mit Backpapier auslegen. Ein Gitterrost darüberlegen. Darauf die Speckscheiben verteilen. Sie sollten nicht überlappen.
2. In einer kleinen Schüssel Ahornsirup und Sriracha vermengen. Damit die Speckscheiben anschließend beidseitig marinieren. 30- 40 Minuten im Ofen backen.
3. Servieren und genießen.

Ideal als Belag für getoastetes Vollkornbrot mit Spiegeleiern. Nährwertangaben pro Stück

55 Kalorien | 3 g Fett | 4 g Kohlenhydrate | 3 g Proteine

Ofenomelette

6 Portionen – 50 Minuten Zubereitungszeit

Zutaten: 1 EL Butter, 6 große Eier, 240 ml fettarme Milch (1,5-1,8 %), 60 ml Kochsahne (30 ml Sahne und 30 ml Milch vermengen), ¼ TL Salz

Zubereitung:

1. Ofen auf 200°C vorheizen. Backblech mit Butter bestreichen.
2. In einer Schüssel die restlichen Zutaten vermischen.
3. Die Eiermixtur auf dem Backblech gleichmäßig verteilt 40 Minuten backen.
4. Servieren und genießen.

Die Eiermixtur (aus Schritt 2) kann leicht mit Speckwürfeln, Paprikastücken oder Tomatenwürfeln aufgepeppt werden. Geviertelte Champignons machen sich ebenfalls sehr gut.

118 Kalorien | 8 g Fett | 3 g Kohlenhydrate | 7 g Proteine

Ricotta-Käse-Eierkuchen

6 Portionen – 1 Stunde 10 Minuten Zubereitungszeit

Zutaten:

Eierkuchen: 300 g Ricotta, 3 große Eier, 240 ml Milch, 120 ml Orangensaft, 55 g brauner Zucker, 150 g Mehl Type 405, 40 g Instant-Hafer/schnellkochende Haferflocken, ¾ TL Zimt, ¾ TL Backpulver, eine Prise Salz, ein wenig Butter und Mehl für das Blech

Topping: 60 ml Marmelade nach Wahl (z.B. Blaubeeren), 1 EL zusätzlicher Orangensaft (optional), Ahornsirup zum Verfeinern

Zubereitung:

1. Ofen auf 180°C vorheizen. In einer Schüssel Ricotta, Eier, Milch und Orangensaft vermengen. Gut verquirlen. Zucker, Mehl, Hafer, Zimt, Backpulver und Salz zugeben. Vermengen, bis die Mischung vermengt und noch leicht klumpig ist.
2. Ein Backblech mit Butter einschmieren. Ein wenig Mehl darübergeben. Die Mischung aus Schritt 1 gleichmäßig auf dem Blech verteilen.

215 Kalorien | 11 g Fett | 20 g Kohlenhydrate | 11 g Proteine

Zubereitung:

3. Die Marmelade ggf. mit Orangensaft ein wenig verdünnen. Ansonsten bzw. anschließend mit einem Messer schön dekorativ verteilt über die Mixtur auf dem Blech geben.
4. 45 Minuten backen. Anschließend in passende Portionen schneiden und noch heiß mit Ahornsirup verfeinert servieren.

Überragend lecker sind für das Gericht Marmeladen mit Ananas und Banane.

„Wenn ich erregt bin, gibt es nur ein Mittel, mich völlig zu beruhigen: Essen“ – Oscar Wilde

Desserts, Zwischenmahlzeiten und Süßes:

„Ohne Fett? Ohne Zucker? Ohne mich!“ – Gerhard Kocher

Manchmal muss es einfach etwas Süßes sein: Naschkatzen greifen im Supermarkt zu Zartbitterschokolade, Butter, Eiern, Zucker und etw. Mehl. Ofen auf 180°C vorheizen und die Schokolade mit ein wenig Butter in einer ofenfesten Form schmelzen lassen – dann sofort aus dem Ofen nehmen. Zwei Eier mitsamt Zucker schaumig schlagen und 2 EL Mehl untermengen sowie alles mit der Schokolade vermischen. Anschließend 15 Minuten im Ofen backen. Handwarm servieren und genießen.

Geröstete Karotten und Zwiebeln mit Honig

4 Portionen – 1 Stunde Zubereitungszeit

Zutaten: 2 EL Olivenöl, 1 kg Bio-Karotten, 3 EL Balsamicoessig, 10 kleine, weiße Zwiebeln (geschält und halbiert), 2 EL Honig

Zubereitung:

1. Den Ofen auf 180°C vorheizen.
2. Ein Backblech mit Backpapier auslegen.
3. In einer Rührschüssel Honig, Olivenöl und Balsamicoessig vermischen.
4. Die Zwiebeln und die Karotten hinzugeben; gut vermengen.
5. Die Mischung auf das Backblech geben.
6. In den Ofen schieben und 40 Minuten lang backen.
7. Aus dem Ofen nehmen und ein paar Minuten abkühlen lassen.
8. Servieren und genießen.

Für den kleinen Hunger zwischendurch, wenn es ein wenig süß und doch nahrhaft-gesund sein soll.

301 Kalorien | 7 g Fett | 55 g Kohlenhydrate | 4 g Proteine

Selbstgemachte Müsliriegel

8 Riegel – 55 Minuten Zubereitungszeit

Zutaten: 65 g Pekannüsse (fein gehackt), 80 g Haferflocken, 2 EL ungesalzene Sonnenblumenkerne, 1 EL rohe Kürbiskerne (gehackt), 1 EL Bio-Honig, 1 EL Ahornsirup, 2 EL Kokosöl, ½ TL Vanilleextrakt, 40 g Rosinen

Zubereitung:

1. Haferflocken, Nüsse, Kokosflocken und Samen in einer großen Schüssel vermengen. Für später beiseite stellen.
2. Den Ofen auf 160°C vorheizen und eine breite Kastenform mit Backpapier auslegen.
3. Alle feuchten Zutaten in einer mittelgroßen Schüssel vermengen. Dann die feuchte Mischung zur trockenen Mischung hinzugeben – sowie die Früchte.
4. Die Mischung auf dem Boden der Kastenform festdrücken, um eine gleichmäßige Schicht zu formen. Die Mischung 35 Minuten lang im Ofen backen; oder bis sie goldbraun wird. Aus dem Ofen nehmen und vollständig abkühlen lassen. In Riegel oder Quadrate schneiden und im Kühlschrank aufbewahren, bis sie gegessen werden sollen.

Extrem sättigend und nahrhaft. Ideal als Pausensnack für den nächsten Arbeitstag.

156 Kalorien | 9 g Fett | 16 g Kohlenhydrate | 4 g Proteine

Erdbeerkuchen mit Ricotta

Ergibt ein Blech (ca. 20 x 30 cm) – 25 Minuten Zubereitungszeit

Zutaten: 1 Block Butter (120 g), 1 großes Ei, 150 g Zucker, 60 g Ricotta, ½ TL Vanilleextrakt, eine Prise Salz, 190 g Mehl Type 405, ¾ TL Backpulver, 450 g Erdbeeren, 3-4 Minzblätter (optional)

Zubereitung:

1. Ofen auf 180°C vorheizen. Ein Kuchenbackblech großzügig mit Mehl und Butter benetzen.
2. Restliche Butter mit Ei und Zucker vermengen; glattrühren. Ricotta, Vanille und Salz zugeben. Gut vermischen. Restliches Mehl und Backpulver zugeben. Zu einer einheitlichen Masse verrühren, bis es schön teigig geworden ist.
3. Mit den Händen den Teig schön gleichmäßig auf dem Blech verteilen.
4. Erdbeeren in hauchdünne Scheiben schneiden.
5. Den Teig 20 Minuten im Ofen backen lassen. Anschließend das Blech aus dem Ofen nehmen und ggf. ein wenig den Teig mit einer Kuchengabel plattdrücken, damit die Oberfläche schön gleichmäßig glatt wird. Mit den Erdbeerscheiben belegen und weitere 40 Minuten backen.
6. Minzblätter fein schneiden und den Kuchen damit beträufeln Servieren.

Wer das Gericht aufpeppen möchte, gibt noch eine Mango (gewürfelt) neben den Erdbeeren hinzu. Nährtwertangaben pro 1/8 Blech.

309 Kalorien | 14 g Fett | 42 g Kohlenhydrate | 5 g Proteine

Ofenbirnen mit Ricotta

1 Portionen – 35 Minuten Zubereitungszeit

Zutaten: 1 Birne (Sorte: Kaiser Alexander/Kaiserkrone), 60 g Ricotta, ½ TL Zimt, 2 EL gemahlene Mandeln, ½ TL Ahornsirup (optional), 1/8 TL Mandelextrakt (z.B. von Dr. Oetker, optional, alternativ Arrack verwenden), 1 EL hauchdünn geschnittene Mandeln

Zubereitung:

1. Ofen auf 180°C vorheizen. Zwischenzeitlich die Birne längs halbieren. Mit einem Kugelausstecher die Kerne und das Innere entfernen. Ca. 1 cm Abstand vom Birnenrand lassen. Das ausgestochene Birnenfleisch mit einer Gabel zermatschen.
2. Das zermatschte Birnenfleisch mit Ricotta, Zimt, gemahlenen Mandeln, Ahornsirup (optional) und Mandelextrakt in einer Schüssel vermengen.
3. Mit einem Messer ein Stück einer Seite der Birne geradeschneiden, damit diese stabil auf dem Backblech stehen kann. Die Mischung aus der Schüssel in die ausgehöhlte Birne geben und mit geschnittenen Mandeln beträufeln. 20 Minuten backen – „Birnenöffnung" dabei nach oben. Handwarm servieren.

Wer keinen Kugelausstecher sein Eigen nennt, sollte aus praktischen Gründen einfach zum Eisportionierer greifen.

307 Kalorien | 18 g Fett | 36 g Kohlenhydrate | 10 g Proteine

Gebackener Apfel mit Pflaumenfüllung

6 Portionen – 1 Stunde 10 Minuten Zubereitungszeit

Zutaten: 6 große Äpfel (Sorte nach persönlichem Gusto), Saft einer halben Zitronen (in zwei Portionen aufgeteilt), 40 g grob gehackte Pekannüsse, 4 Pflaumen (in Stücke geschnitten), ¾ TL Zimt, ½ TL Butter, 1 TL brauner Zucker (optional)

Zubereitung:

1. Ofen auf 180°C vorheizen. Zwischenzeitlich die Äpfel entkernen. Dabei ein mittelgroßes Loch aus den Äpfeln herauslöffeln.
2. Den Zitronensaft in die ausgehöhlten Äpfel geben bzw. diese innen damit benetzen, sodass diese nicht anfangen braun zu werden.
3. Die restlichen Zutaten außer Butter und Zucker in einer Schüssel vermengen (mitsamt des restlichen Zitronensaftes). Die fertige Mischung in die Äpfel geben. Mit Butter und ggf. Zucker den Apfel „verschließen".
4. Auf einem mit Backpapier ausgelegtem Backblech rund 50 Minuten backen. Je länger man backt, desto weicher werden die Äpfel. Servieren und genießen.

Statt Pflaumen eignen sich auch Aprikosen, Mandeln und sogar Datteln als Füllung. Nährwertangaben ohne den braunen Zucker.

144 Kalorien | 1 g Fett | 36 g Kohlenhydrate | 1 g Proteine

Aprikosen-Zwetschgen-Kuchen

4 Portionen – 1 Stunde 5 Minuten Zubereitungszeit

Zutaten: 5 Aprikosen, 5 Zwetschgen, 30 g Mehl Type 405, 20 g Instant-Hafer/schnellkochende Haferflocken, 20 g Mandelmehl, 50 g Zucker, 1 TL Backpulver, ¼ TL Salz, 2 TL Zimt, 60 g Butter (gekühlt), 50 g Kürbispüree (alternativ: Kartoffelpüree), Schlagsahne zum Verfeinern beim Servieren

Zubereitung:

1. Ofen auf 180°C vorheizen. Aprikosen und Zwetschgen entkernen sowie vierteln. Die Früchte nun in eine Backform geben und gut verteilen.
2. In einer Schüssel alle trockenen Zutaten sowie Gewürze verrühren. Die Butter in kleine Stücke schneiden und in die Schüssel zugeben. Mit einer Gabel gut unterrühren, bis sich eine grobkörnige, sandähnliche Masse gebildet hat. Alternativ einfach auf niedriger Stufe im Mixer mixen. Anschließend Püree zugeben und gut verrühren, bis sich ein schöner, weicher Teig bildet.
3. Den Teig gleichmäßig über den Früchten verteilen und im Backofen 40 Minuten backen. Mit ein wenig Schlagsahne verfeinern und servieren.

325 Kalorien | 19 g Fett | 38 g Kohlenhydrate | 4 g Proteine

Das Schöne an diesem Kuchen ist, dass man nicht mit allzu viel Zucker arbeitet, aber dennoch einen süßen Geschmack hinbekommt. Man kann sogar – wenn man es wirklich darauf anlegt – den Zucker komplett weglassen, ohne dass es gleich komplett „fade" schmeckt. Ideal, wenn man ein wenig (die Betonung liegt auf „ein wenig"; es bleibt einen Süßspeise!) auf die Linie achten möchte, ohne sich gleich selbst gänzlich zu kasteien. Nährwertangaben mit ½ EL Schlagsahne pro Portion.

„Geselliges Vergnügen, munteres Gespräch muss einem Festmahl die Würze geben" – William Shakespeare

Gefüllte Dessertpfirsiche

3 Portionen – 1 Stunde 15 Minuten Zubereitungszeit

Zutaten: 3 große Pfirsiche, 1 großes Ei, 3 EL Zucker, 30 g Mehl Type 405, 1 EL Naturjoghurt, ¼ TL Backpulver, eine kleine Prise Salz

Zubereitung:

1. Ofen auf 190°C vorheizen. Pfirsiche entkernen und halbieren. Ein wenig Fruchtfleisch herauslöffeln, um Platz für die Füllung zu erhalten. In einer Schüssel Eier und Zucker kurz vermengen. Mehl, Joghurt, Backpulver und Salz zugeben. Zu einem dickflüssigen Teig verrühren.
2. Den Teig in die Pfirsichhälften füllen. Pfirsiche auf ein mit Backpapier ausgekleidetes Blech geben und eine Stunde backen. Ggf. die Pfirsiche lieber in einer Backform mit Alufolie zugedeckt backen, falls sie zu sehr braun zu werden drohen.
3. Handwarm servieren.

Eine Zimtstange oder ein wenig Kardamom beim Backen verleihen dem Dessert einen alternativen Touch.

182 Kalorien | 3 g Fett | 37 g Kohlenhydrate | 5 g Proteine

Ofenmarmelade mit Fruchtstücken

Ergibt ca. 180 ml – 1 Stunde 30 Minuten Zubereitungszeit

Zutaten: 2 kleine Äpfel (Sorte: Gala), 100 g (gefrorene) Heidelbeeren, 1 kleine Zimtstange (optional), ½ TL Zimt, 60 g weißer Zucker, Brot zum Servieren

Zubereitung:

1. Ofen auf 230°C vorheizen. Äpfel entkernen und vierteln. Anschließend würfeln. Die gewürfelten Äpfel auf ein Backblech oder in eine Auflaufform geben. Heidelbeeren und Zimtstange (optional) zugeben. Mit Zimt und Zucker beträufeln. Nicht verrühren!
2. 40 Minuten im Ofen backen. Anschließend vorsichtig mit einer Gabel ein wenig verrühren. Bei nun etwas reduzierter Hitze (200°C) weitere 40 Minuten backen.
3. Die Marmelade auf Brot serviert genießen – oder im Kühlschrank aufbewahren (hält sich ca. eine gute Woche).

Die fertige Marmelade wird eine eher grobe Konsistenz aufweisen, sodass man auch noch einige Fruchtstücke drin hat. Nährwerte ohne Brot.

444 Kalorien | 1 g Fett | 116 g Kohlenhydrate | 2 g Proteine

Backofenbananen mit Zimt

2 Portionen – 30 Minuten Zubereitungszeit

Zutaten: 2 TL Kokosöl (in zwei Portionen aufgeteilt), 1 EL Ahornsirup, 2 große, reife Bananen, 1 TL Zimt, 1 EL brauner Zucker

Zubereitung:

1. Ofen auf 200°C vorheizen. Eine Backform mit einem Teelöffel Kokosöl einfetten. Ahornsirup in die Backform geben und gut über dem Öl verteilen.
2. Bananen längs halbieren und in jeweils drei Stücke schneiden. Die 12 fertigen Bananenstücke in die Backform geben – die flache Seite nach oben. Mit Zimt und Zucker beträufeln. Das restliche Kokosöl möglichst gleichmäßig verteilen.
3. 15 Minuten backen. Die fertigen Bananenstücke ein wenig im Ahornsirup wenden, um sie beidseitig gut zu benetzen.

Die perfekte Beilage zu Eiscreme.

204 Kalorien | 10 g Fett | 42 g Kohlenhydrate | 3 g Proteine

Ofengeröstete Beeren mit Mascarpone

4 Portionen – 45 Minuten Zubereitungszeit

Zutaten: Zeste einer Orange (in zwei Portionen aufgeteilt), Saft einer Orange (in zwei Portionen aufgeteilt), 60 g Mascarpone, 1 EL Ahornsirup, 2 EL Maisstärke, 450 g (gefrorene) Beerenmischung

Zubereitung:

1. Ofen auf 180°C vorheizen. In einer Schüssel die Hälfte der Zeste, 2 TL Orangensaft und Mascarpone vermengen. Ggf. mit einem Schuss Ahornsirup das Ganze süßen.
2. In einer Schüssel die Maisstärke im restlichen Orangensaft vermengen und auflösen. Restliche Zeste, Ahornsirup und Beerenmischung zugeben. Gut vermengen. Die fertige Mischung in eine kleine Auflaufform geben und 30 Minuten backen.
3. Mit der Orangen-Mascarpone-Mischung übergießen und servieren.

Funktioniert auch wunderbar mit Grapefruits statt Orangen.

138 Kalorien | 7 g Fett | 18 g Kohlenhydrate | 1 g Proteine

Selbstgemachtes Fruchtleder

8 kleine Portiönchen – 4 Stunden Zubereitungszeit

Zutaten: 1 große Mango, 80 g schwarze Johannisbeeren, 1 TL Ahornsirup

Zubereitung:

1. Ofen auf 80°C vorheizen. Ein Backblech mit Backpapier auskleiden und bereitlegen. In einen Mixer die Mango mixen und anschließend auf dem Backblech verteilen. Johannisbeeren ebenfalls mixen und anschließend absieben. Die festen Bestandteile (Haut) wegwerfen. Die abgesiebte Masse mit Ahornsirup vermengen. Nun ebenfalls auf dem Backblech verteilen. Idealerweise mit einem Küchenspatel arbeiten, um beim Verteilen ein dekoratives Muster zu erhalten.
2. 3 Stunden im Ofen backen bzw. trocknen. Anschließend kurz fühlen, ob die Masse leicht klebrig, aber nicht zu sehr an den Fingern haftend ist. Ggf. nochmal 20-30 Minuten weitertrocknen lassen.
3. Alles auf dem Ofen nehmen und die Fruchtmasse mit einem Messer schneiden. Fruchtleder vorsichtig ohne Backpapier wie Sushi zusammenrollen. In acht Stücke schneiden und mit Backpapier ummanteln. Fertig.

Natürlich sollte man das Backpapier vor dem Verzehr entfernen – hat man doch etwas davon mitgegessen, besteht kein Grund zur Sorge: Backpapier in der EU gekauft wird vom Körper als „normaler Ballaststoff" wieder ausgeschieden.

34 Kalorien | 0 g Fett | 8 g Kohlenhydrate | 1 g Proteine

Zuckerplätzchenpizza

16 Portionen – 20 Minuten Zubereitungszeit

Zutaten: 540 g Zuckerplätzchenteig (alternativ: Vanilleplätzchenteig), 240 g Frischkäse, 210 g Marshmallow-Creme (im Glas, gibt es z.B. im Real, alternativ: Tortencreme auf Eiweißbasis), 200 g Erdbeeren, 100 g Blaubeeren

Zubereitung:

1. Ofen auf 180°C vorheizen.
2. Keksteig auf ein Backblech legen und auf 1 cm Höhe plattdrücken.
3. 10 Minuten backen, bis die Ränder leicht gebräunt sind.
4. Frischkäse und Marshmallowcreme miteinander verrühren. Über den Keksteig verteilen und mit Beeren bestreuen. Abkühlen lassen und genießen.

Ideal als „Pizza“ bei Geburtstagsfeiern, wenn man ein intensiv-süßes Dessert möchte.

250 Kalorien | 13 g Fett | 30 g Kohlenhydrate | 2 g Proteine

Fischgerichte:

„Die Entdeckung eines neuen Gerichtes macht die Menschheit glücklicher als die Entdeckung eines neue Sterns“ – Jean Anthelme Brillat-Savarin

An alle die noch auf der Berufsschule oder im Studium sind und nach einer langen Feiernacht die Freunde bzw. Übernachtungsgäste nicht hungrig ins Bett schicken möchten, aber nicht zum Klassiker Spaghetti mit Tomatensauce greifen möchten: Eine küchenfertige Regenbogenforelle im Supermarkt kaufen (z.B. von Edeka in der Tiefkühlecke) und aufgeklappt mit dem Rücken nach unten auf einem mit Backpapier ausgelegtem Backblech 30 Minuten bei 220°C backen. Ggf. eine Zitrone in Scheiben schneiden und im Fisch mitbacken lassen. Salzen, pfeffern – fertig ist das leckere Gericht.

Gebackener Lachs mit Ziegenkäse

2 Portionen – 30 Minuten Zubereitungszeit

Zutaten: 2 TL Butter, 4 Scheiben Vollkornbrot, 1 TL Pflanzenöl, 2 Stücke (ca. 30 g) Räucherlachs (in zwei Portionen aufgeteilt), 30 g Ziegenkäse (zerkleinert, in zwei Portionen aufgeteilt), 2 TL Kapern (geschnitten), 4 Eier, Salz und Pfeffer zum Abschmecken

Zubereitung:

1. Ofen auf 220°C vorheizen. Die Brotscheiben mit Butter bestreichen. Die Brotscheiben bis auf 1 cm an die Brotkruste heran von innen aushöhlen. Die „Brothüllen" und das separierte, gebutterte „innere" auf ein mit Backpapier ausgelegtes Backblech geben. Öl in die „ausgehöhlten" Bereiche der „Brothüllen" geben.
2. Die Hälfte des Räucherlachses kleinschneiden und in eine Schüssel geben. Die Hälfte des Käses und der Kapern zugeben. Mitsamt zwei Eiern gut vermengen. Mit der Mixtur zwei der „Brothüllen" innen ausfüllen.
3. Restlichen Räucherlachs kleinschneiden und in die noch zwei freien „Brothüllen" geben. Mit restlichen Kapern und Käse zudecken. Vorsichtig die zwei restlichen Eier aufschlagen und darübergeben.
4. Ca. 12 Minuten im Backofen backen. Mit „gebutterten" Brotstücken als Beilage servieren.

448 Kalorien | 19 g Fett | 40 g Kohlenhydrate | 28 g Proteine

Im Rezept vorgestellt werden zwei einfache Variationen, um das Gericht zu servieren. Natürlich muss man sich daran nicht sklavisch halten. Funktioniert auch gut mit geräuchertem Schinken statt Lachs.

„Lieber ein bisschen zu gut gegessen, als wie zu erbärmlich getrunken" – Wilhelm Busch

Gebackener Tilapia mit Pekannuss

4 Portionen – 35 Minuten Zubereitungszeit

Zutaten: 30 g Pankopaniermehl (japanisches Paniermehl, alternativ: Normales Paniermehl), ½ TL brauner Zucker, 1 Prise Cayennepfeffer, 1 Eiklar, 40 g Pekannüsse (halbiert), 2 TL Rosmarin (geschnitten), 1 ½ TL Olivenöl, 4 Tilapiafilets (alternativ: Barschfilets verwenden)

Zubereitung:

1. Ofen auf 180°C vorheizen. In einer Auflaufform Pekannüsse, Zucker, Cayennepfeffer und Paniermehl vermengen. Mit Olivenöl verfeinern.
2. 8 Minuten goldbraun backen. Temperatur auf 200°C erhöhen. Den „Teig“ dabei aus dem Ofen nehmen und beiseite stellen.
3. Ein Backblech mit Backpapier auslegen; mit Speiseöl einfetten. Eiklar in einer Schüssel verquirlen. Die Fischfilets darin tunken und mit der Pekannussmixtur „panieren“.
4. Den panierten Fisch auf das vorbereite Backblech geben und mit restlicher Pekannussmixtur garniert in den Ofen stellen.
5. 10 Minuten backen.
6. Servieren und genießen.

Schmeckt auch gut mit Cashews statt Pekannüssen.

207 Kalorien | 10 g Fett | 5 g Kohlenhydrate | 25 g Proteine

Gebackener Kabeljau mit grünen Bohnen

1 Portion – 30 Minuten Zubereitungszeit

Zutaten: 2 TL Olivenöl, 120 g Kabeljau, 300 g grüne Bohnen/Gartenbohnen (optional), 50 g Blaubeeren, 1 EL grobe Haferflocken, 2 Tomatenscheiben

Zubereitung:

1. Ofen auf 200°C vorheizen.
2. Haferflocken und die Hälfte des Öls in einer Schüssel mischen. Den Fisch mit der Mischung beschichten.
3. Das Backblech bzw. ein Backpapier mit restlichem Öl einfetten und den Fisch darauflegen; mit den Tomatenscheiben belegen und 15 Minuten backen.
4. Grüne Bohnen dämpfen (optional); mit Fisch und Blaubeeren servieren.

Selbstverständlich lässt sich das Gericht mit anderen Beeren zubereiten, auch wenn sich der Geschmack dadurch entsprechend verändert.

350 Kalorien | 11 g Fett | 39 g Kohlenhydrate | 27 g Proteine

Gebackene Jakobsmuscheln

1 Portion – 30 Minuten Zubereitungszeit

Zutaten: 90 g Jakobsmuscheln, 1 EL Haferflocken, 1 ½ TL Natives Olivenöl Extra, Zitronenpfeffer (Fertigen kaufen oder selbstgemacht: 1 TL Meersalz mit 20 g weißem Pfeffer und 2 Stücken Zitrone vermengen), 50 g Kichererbsen, 150 g Gurke, Weißwein (3 EL bzw. nach Bedarf), 15 g geriebener/geschnittener Cheddar, 3 EL Zitronensaft, Romanasalat (230 g, fein geschnitten), eine Tomate

Zubereitung:

1. Jakobsmuscheln in ein Behältnis (z.B. Tupperbox) geben und mit Weißwein bedecken. Behälter abdecken und über Nacht im Kühlschrank ruhen lassen.
2. Ofen auf 180°C vorheizen.
3. Jakobsmuscheln aus dem Wein nehmen; mit Hafer und Käser beträufeln.
4. Auf ein Backblech (mit Backpapier) legen und 10 Minuten backen.
5. Zitronenpfeffer, Zitronensaft und Olivenöl in einer kleinen Schüssel zu einem Dressing mischen.
6. Kichererbsen, Gurken, Salatblätterstücke und Tomaten mischen.
7. Salat mit Zitronendressing und gebackenen Jakobsmuscheln servieren.

Auf den Zitronenpfeffer sollte nicht verzichtet werden: Es ist geschmacklich wirklich wichtig, dass man diesen besorgt oder selbst zubereitet!

358 Kalorien | 11 g Fett | 34 g Kohlenhydrate | 27 g Proteine

Lachs mit Brokkoli und Cajungewürz

1 Portion – 30 Minuten Zubereitungszeit

Zutaten: 90 g Paprika (in Scheiben geschnitten), 140 g Lachs, 350 g Brokkoliröschen (fein geschnitten/gehackt), 40 g Zwiebeln (in feine Ringe geschnitten), 1 TL Cajungewürz, 1 TL Natives Olivenöl Extra, ½ TL Pfeffer

Zubereitung:

1. Ofen auf 180°C vorheizen. Backblech mit Backpapier auslegen und mit Olivenöl beträufeln.
2. Zwiebeln und Pfeffer auf dem eingeölten Backpapier gleichmäßig verteilen. Lachs mit Cajun-Gewürz bestreichen und mit Brokkoli zusammen auf das Blech geben.
3. 25-35 Minuten backen.
4. Den Fisch mit Paprika und Brokkoli garniert servieren.

Wer das Cajungewürz selber mischen möchte, nehme 2 TL Salz, 2 TL Knoblauchpulver, 2 ½ TL Paprika, 1 TL Pfeffer, 1 TL Zwiebelpulver, 1 TL Cayennepfeffer, 1 ¼ TL Oregano, 1 ¼ TL Thymian sowie ½ TL Paprikaflocken und vermenge alles in einer Schüssel. Luftdicht in eine Schüssel verpackt, hat man so für zahlreiche Gerichte eine eigene Cajunmischung zu Hause vorrätig.

353 Kalorien | 12 g Fett | 40 g Kohlenhydrate | 26 g Proteine

Tilapia mit Kokosmandeln

3 Portionen – 45 Minuten Zubereitungszeit

Zutaten: 500 g Tilapiafilets (Buntbarsch), 35 g Mandeln (ungesalzen), 20 g getrocknete Kokosflocken (ungesüßt), eine Prise Salz, eine Prise Pfeffer, 2 EL Olivenöl, eine halbe Handvoll Petersilie, eine Prise Knoblauchsalz

Zubereitung:

1. Ofen auf 190°C vorheizen. Backblech mit Backpapier auslegen.
2. Kokosnuss, Mandeln, Petersilie, Pfeffer und Salz vermengen.
3. In einer Küchenmaschine vermixen, bis alles gut vermengt ist. Es sollte sich von der Konsistenz her wie Paniermehl anfühlen.
4. Tilapia auf das Backblech legen.
5. Mit Knoblauchsalz bestreuen.
6. Die Kokosnussmischung auf die Oberseite des Fisches geben.
7. Den Fisch mit Olivenöl benetzen.
8. Für 20 Minuten backen, bis der Fisch schön braun geworden ist.

Wer es geschmacklich noch hochwertiger möchte, greift statt zu Tilapia zur heimischen Dorade.

424 Kalorien | 22 g Fett | 10 g Kohlenhydrate | 46 g Proteine

Fleischgerichte:

„Das Leben ist ein Versuch, die Leere zu füllen. Die meisten tun es mit Essen, was redlicher ist als mit Geschwätz." – Jospeh Arthur de Gobineau

„Fleisch ist das beste Gemüse" lautete einst ein nicht ganz ernst gemeinter Spruch. Man kann zu Fleisch stehen wie man will – doch wird jedem Liebhaber desselben das Wasser im Mund zusammenlaufen, wenn er oder sie nach einem harten (Arbeits-)Tag nach Hause kommt und vom Ofen wohlige Gerüche zu vernehmen sind. Ein absolut sättigender Klassiker: 1 kg Hack mit einer Zwiebel (gewürfelt) sowie 300 ml Milch und einer guten Handvoll Paniermehl in eine Schüssel geben. Ein paar Gewürze nach Wahl hinzu und alles mit 2 aufgeschlagenen Eiern vermengen. Gerne ein paar Gewürzgurken (in hauchdünnen Scheiben) hinzugeben. Auflaufform mit der Masse füllen und bei 180°C im vorgeheizten Backofen 30 Minuten backen. Nicht vergessen, die Form vorher mit Butter oder Öl einzufetten. Nun 1-2 Becher saure Sahne über den Hackbraten geben und weitere 15-30 Minuten weiterbacken. Wer mag, vermengt die saure Sahne vor dem Übergießen des Hackbratens mit ein wenig Gemüsebrühe.

Rinderbrustfilet mit Kokosbutter

6 Portionen – 3 Stunden 30 Minuten Zubereitungszeit

Zutaten: 1,5 kg Rinderbrustfilet, 2 gehäufte Teelöffel Zwiebelsuppengewürz (dafür ein wenig Knoblauch, Kümmel, Thymian und einen Fleischbrühwürfel vermischen), 110 g Kokosbutter, 30 g Dijonsenf

Zubereitung:

1. Ofen auf 150°C vorheizen.
2. Rinderbrustfilet in eine Pfanne oder Backform (die Fettseite nach oben) legen.
3. Suppengewürz, Kokosbutter und Senf in einer Schüssel vermengen.
4. Die Mischung danach gleichmäßig auf dem Fleisch verteilen.
5. Pfanne bzw. die Backform mit einem Deckel oder einer Alufolie abdecken.
6. 3-4 Stunden im Ofen backen.

Statt Kokosbutter kann man alternativ auch Palmfett oder Kakaobutter sowie Mandelbutter verwenden.

72 Kalorien | 6 g Fett | 0 g Kohlenhydrate | 6 g Proteine

Mango-Kokos-Hähnchen

4 Portionen – 1 Stunde 30 Minuten Zubereitungszeit

Zutaten: 200 ml Gemüsebrühe, 15 g Koriander (gehackt), 1 Frühlingszwiebel (gehackt), 1 Knoblauchzehe (zermahlen), 1 EL Limettensaft, 1 EL Weißweinessig, ½ TL Meersalz, 2 Mangos (geschält und geschnitten), ½ TL Serrano-Chili (ggf. Schote entkernen und kleinschneiden), 750 g Hähnchenbrust, ¼ TL Salz, Blätter eines Romanasalates, 10 x 20 große Tortillas, Holzspieße, 50 g Kokosnussraspeln

Zubereitung:

1. Brühe, Koriander, Kokosnuss, Zwiebeln, Knoblauch, Limettensaft, Essig und Salz in eine Küchenmaschine geben; glattrühren bzw. mixen.
2. Zwischenzeitlich den Ofen auf 200°C vorheizen.
3. Geschnittene Mango und Chili zugeben. Erneut mixen.
4. Die Hälfte der Mischung in eine Schüssel oder einen Gefrierbeutel geben. Hähnchen hinzugeben und eine Stunde im Kühlschrank ruhen lassen.
5. Hähnchen herausnehmen. Die Marinade kann weggeworfen werden.
6. Hähnchen salzen. Je vier Minuten pro Seite im Ofen mit der Grillfunktion zubereiten.

320 Kalorien | 9 g Fett | 21 g Kohlenhydrate | 15 g Proteine

Zubereitung:

7. Das Hähnchen in mundgerechte Stücke schneiden.
8. Mit der restlichen Mango und der Koriandermischung verrühren.
9. Salatblätter in die Tortillas geben - Hähnchenstücke ebenfalls.
10. Tortillas aufrollen und mit Hilfe der Spieße in Form halten.
11. Servieren und genießen.

Die Kokosraspeln können alternativ mit Mandeln oder gerösteten Nüssen ersetzt werden.

„Es gibt Niemanden, der nicht isst und trinkt, aber nur wenige, die den Geschmack zu schätzen wissen" – Konfuzius

Gepökelter Truthahn

40 Portionen – 45 Minuten Zubereitungszeit

Zutaten: 10 kg Truthahn, 270 g Salz, 4 Liter Wasser, 100 g Zucker, 220 g Kokosbutter (geschmolzen), 25 g Kräuter

Zubereitung:

1. Zutaten (außer Truthahn) in einem großen Behältnis vermischen.
2. Gut verrühren, bis Zucker und Salz sich aufgelöst haben.
3. Truthahn gut abspülen.
4. Truthahn in die Salzlake legen bzw. damit bedecken.
5. Alles gut verteilen und einziehen lassen.
6. Anschließend abspülen.
7. Den Truthahn im Ofen für 20 Minuten zu je 500 g (ergo in Stücke geschnitten) bei 160°C rösten.

Es muss natürlich kein Truthahn sein – auch ein Hühnchen oder eine Gans können analog zubereitet werden. Entsprechend sollte man jedoch die Zutatenmenge an das Gewicht des Tieres anpassen.

153 Kalorien | 1 g Fett | 0 g Kohlenhydrate | 34 g Proteine

Kokos-Hähnchen

40 Portionen – 1 Stunde Zubereitungszeit

Zutaten: 110 g Mehl, 1 Ei, 120 g Kokosflocken (gesüßt oder mit ein wenig Zucker vermengt), ½ TL Knoblauchpulver, ½ TL Salz, ¼ TL Pfeffer, 4 Hähnchenbrüste (ohne Knochen), 55 g geschmolzene Butter)

Zubereitung:

1. Ofen auf 200°C vorheizen. Backblech mit Backpapier auskleiden. Hälfte des Mehls in eine große Rührschüssel geben und beiseite stellen.
2. Ei in einer weiteren Schüssel verquirlen.
3. In einer anderen Schüssel das restliche Mehl, Kokosflocken, Salz, Pfeffer und Knoblauchpulver vermengen.
4. Hähnchenbrüste in das Mehl tauchen. Anschließend in das Ei und schlussendlich in die Kokosmischung tauchen.
5. Panierte Hähnchen auf das Backblech geben.
6. 30-40 Minuten backen. Nach der Hälfte der Zeit das Fleisch wenden.

Man kann statt Kokosflocken auch geriebene Mandeln oder Marzipan verwenden.

510 Kalorien | 30 g Fett | 29 g Kohlenhydrate | 31 g Proteine

Hähnchen im Speckmantel

2 Portionen – 1 Stunde Zubereitungszeit

Zutaten: 2 Hähnchenbrüste (ohne Knochen und ohne Haut), 4 Speckstreifen, Salz und Pfeffer (zum Abschmecken)

Zubereitung:

1. Backblech mit Backpapier auskleiden.
2. Hähnchenbrüste mit je zwei Streifen Speck einwickeln, sodass der Großteil der Brust bedeckt ist.
3. Beide Stücke auf das Blech legen und in einem 180°C heißen Ofen ungefähr 30 Minuten lang backen.
4. Prüfen, ob das Hähnchen gar und der Speck knusprig ist. Wenn nicht, weitere 10-15 Minuten garen.
5. Ggf. nach der Hälfte der Zeit die Hähnchen einmal wenden.
6. Aus dem Ofen nehmen, wenn das Hähnchen zart und gut durchgegart sowie der Speck knusprig und zart geworden ist.

Eine gute Hauptspeisengrundlage. Idealer Begleiter zu Reis und Salat.

469 Kalorien | 28 g Fett | 1 g Kohlenhydrate | 49 g Proteine

Suppen, Salate und Sandwiches:

„Sage mir, was du isst, und ich sage dir, wer du bist." – Jean Anthelme Brillat-Savarin

Salate, Suppen aber auch Sandwiches aus dem Ofen können den eigenen Speiseplan sehr wohl abrunden. Gerade bei Suppen kommt es auf die richtige Würze an: Hierfür zwei Karotten, einenn Sellerie, ein wenig Porree, Schnittlauch und Petersilie kleinschneiden und mitsamt Zwiebelwürfeln im Mixer mixen. Eine Prise Salz darüber – fertig ist das universell einsetzbare, hausgemachte Suppengewürz.

Kotelettbrote aus dem Ofen

6 Portionen – 55 Minuten Zubereitungszeit

Zutaten: 6 Schweinerückenkoteletts (ohne Knochen, ca. 500 g), 2 große Eier, 30 ml Milch, 50 g Panko-Paniermehl (alternativ: Handelsübliches Paniermehl), 1 TL Knoblauchsalz, 4 TL getrocknete Petersilie, 30 g Mehl Type 405, 1 TL Pfeffer, 1 EL Pflanzenöl, Kochspray bzw. ein wenig Olivenöl zum Beträufeln, Beilage (Brotscheiben, ein wenig Salat, Cocktailtomaten, Senf), Zitronenstücke zum Garnieren (optional), 60 g Mayonnaise, 60 g Naturjoghurt, 1 EL Dijonsenf

Zubereitung:

1. Ofen auf 200°C vorheizen.
2. Eier und Milch in einer Schüssel A vermengen. Paniermehl, Knoblauchsalz und Petersilie in einer Schüssel B vermengen. Mehl und Pfeffer in einer Schüssel C vermengen.
3. Pflanzenöl auf ein Backblech geben. Fünf Minuten im nun vorgeheizten Backofen die Wärme aufnehmen lassen.
4. Die Koteletts panieren: Zuerst in Schüssel C tauchen, anschließend beidseitig in Schüssel A tunken. Schließlich in Schüssel B tauchen und ggf. ein wenig fester drücken, damit die Pankopaniermehlstücke gut am Fleisch haften bleiben.
5. Koteletts auf das nun vorgewärmte Blech geben und mit ein wenig Öl beträufeln – 10 Minuten backen.

403 Kalorien | 27 g Fett | 11 g Kohlenhydrate | 27 g Proteine

Zubereitung:

6. Nach Zehn Minuten wenden, erneut einölen und weitere 10 Minuten backen.
7. Optional: Anschließend mit der Grillfunktion des Ofens noch 2-3 Minuten brutzeln.
8. Mayonnaise, Joghurt und Senf in einer Schüssel vermengen.
9. Die Hälfte der Brotscheiben mit der Mayo-Sauce bestreichen und die Fleischstücke draufgeben. Mit Salatblättern und Cocktailtomaten verfeinern, restliche Brotscheiben als „Deckel" drauf – fertig sind die Kotelettsburger.

Welche Brotgrundlage man verwendet, bleibt einem selbst überlassen – insbesondere Vollkornburgerbrötchen sind zu empfehlen. Pankopaniermehl gibt es z.B. bei Real in der Asia-Spezialitätenecke. Nährwerte ohne „Beilagen".

„Nichts macht uns geneigter, an ein gutes Essen zu denken, als ein leerer Tisch" – Alexandre Dumas

Salat mit gebratenem Gemüse und Halloumi

2 Portionen – 55 Minuten Zubereitungszeit

Zutaten:

Salat: 2 Auberginen, 1 große Paprikaschote, 3 Romatomaten, ½ große Zwiebel, 5 Knoblauchzehen, 2 EL Olivenöl, 230 g Halloumikäse (alternativ: normalen Grillkäse verwenden), 120 g Spinat

Pesto-Dressing: 40 g grob gehackte Petersilie, 60 g Walnüsse, 2 EL Olivenöl, 2 EL Wasser, Saft einer Viertel Zitrone, ¼ TL Salz zum Abschmecken

Zubereitung:

1. Ofen auf 200°C vorheizen. Ein Backblech mit Backpapier auslegen. Auberginen putzen und in Ringe schneiden (ca. 1 cm dick). Paprika halbieren und putzen bzw. die Samen und das Weiße entfernen. Tomaten halbieren und entkernen. Zwiebel grob würfeln. Alles Gemüse mitsamt Knoblauchzehen auf das Backblech geben. Mit Olivenöl beträufelt ca. 40 Minuten backen.
2. Zwischenzeitlich Halloumi in ca. 15 cm große Scheiben schneiden. Nachdem die 40 Minuten Backzeit um sind, ein wenig Platz für den Käse freischaffen und diesen aufs Backblech geben. Weitere fünf Minuten mit dem Käse zusammen backen. Mit der Grillfunktion des Backofens (oder Ober-Unterhitze etw. hochgeregelt) 3-5 Minuten goldbraun backen. Aufpassen, dass der Käse nicht anbrennt!

1028 Kalorien | 78 g Fett | 56 g Kohlenhydrate | 40 g Proteine

Zubereitung:

3. Zwischenzeitlich die Pestozutaten in einem Mixer vermixen, bis sich eine einheitliche Masse gebildet hat. Ggf. mit ein wenig Wasser oder Olivenöl eine flüssigere Konsistenz erzielen. Mit Salz abschmecken.
4. Alles aus dem Ofen nehmen und die Tomaten sowie die Paprika in dünne Scheiben schneiden. Pesto und gebackene Zutaten in eine Schüssel geben. Mit dem Spinat vermengen und servieren.

Mundet auch wunderbar mit veganem Grillkäseersatz auf Tofubasis.

„Nach dem Essen sollst du ruh'n, oder tausend Schritte tun" – Sprichwort

Panzanellasalat mit Tomaten und Huhn

4 Portionen – 40 Minuten Zubereitungszeit

Zutaten:

Panzanella: 2 EL Olivenöl (in zwei Portionen aufgeteilt), 2 Hähnchenbruststücke, ¼ TL Salz, 2 TL italienische Kräutermischung, 450 g Kirschtomaten, 1 kleines Ciabattabrötchen, ¼ rote Zwiebel, 1 große Gurke

Dressing: 60 ml Olivenöl, 1 EL Dijonsenf, 1 EL Balsamicoessig, Salz zum Abschmecken

Zubereitung:

1. Ofen auf 230°C vorheizen. Einen Teelöffel Olivenöl auf einem Backblech verteilen (möglichst antihaft-beschichtet, ansonsten mehr Öl verwenden). Die Hähnchenbruststücke mit zwei Teelöffeln Olivenöl benetzen. Anschließend Salz und die Kräutermischung darübergeben – beidseitig. Aufs Backblech geben und mitsamt Kirschtomaten 15 Minuten im Ofen backen.
2. Ciabatta in 3 cm große Stücke schneiden. Nachdem die 15 Backminuten um sind, die Ciabattastücke mit ein wenig Olivenöl beträufelt in den Ofen zugeben. Weitere 15 Minuten backen.

390 Kalorien | 27 g Fett | 16 g Kohlenhydrate | 21 g Proteine

Zubereitung:

3. Die Dressingzutaten in einer Schüssel miteinander gut vermengen. Nebenher die Zwiebeln und die Gurke grob kleinschneiden.
4. Fertige Hähnchenstücke würfeln und mit den Zwiebeln sowie Gurken vermengen. Die Tomaten und Brotstücke kommen ebenfalls hinzu. Mit Dressing übergießen und servieren.

> Anstatt Ciabatta kann man auch altes Brot würfeln, einweichen und mitsamt Rosmarin rösten. Das Huhn kann gut mit Garnelen ersetzt werden.

„Zwischen Essen und Ernähren können Welten liegen" – Sprichwort

Brioche mit Cranberrysauce

12 Portionen – 35 Minuten Zubereitungszeit

Zutaten: 12 Apostelkuchen/Brioche (alternativ: Brötchen verwenden), 1 EL Mayonnaise, 1 EL Dijonsenf, 10 Stück gebratene oder gebackenen Truthahnbrustfilets (alternativ: Pute nehmen), 80 g Cranberrysauce (alternativ: Preiselbeersauce verwenden), 1 EL Meerrettich, 150 g Emmentaler (in sechs Stücke geschnitten), 1 EL Butter, ½ TL Knoblauchpulver, 1 EL Petersilie (ggf. mehr zum Garnieren)

Zubereitung:

1. Ofen auf 190°C vorheizen. Brötchen halbieren.
2. Untere Brötchenhälften auf ein mit Backpapier ausgelegtes Backblech geben. In einer Schüssel Mayonnaise sowie Dijonsenf vermengen. Auf die unteren Brötchenhälften geben.
3. In einer Schüssel die Cranberrysauce mit Meerrettich vermengen. Über die Brustfiletstücke geben und gleichmäßig verteilen. Mit Emmentaler anschließend beträufeln und die oberen Brötchenhälften darübergeben.
4. In einer Schüssel die (geschmolzene) Butter mit Knoblauchpulver und Petersilie vermischen. Mit der Mixtur die oberen Brötchenhälften bepinseln. 15 Minuten backen. Ggf. beim Servieren mit ein wenig zusätzlicher Petersilie als Garnierung verfeinern.

508 Kalorien | 19 g Fett | 41 g Kohlenhydrate | 41 g Proteine

Um Cranberrysauce selber herstellen, die Cranberries (180 g, eingeweicht) in einem Topf mit etwa 50 g Zucker und einem Schuss Zitronensaft 15 Minuten köcheln. 60 ml Rotwein und 1 TL Ingwerpulver zugeben – weitere 10 Minuten köcheln. Fertig.

„Ein Lorbeerblatt kann wichtiger sein als ein Lorbeerkranz" – Sprichwort

Tomaten-Paprika-Suppe

2 Portionen – 1 Stunde 15 Minuten Zubereitungszeit

Zutaten: 2 große, rote Paprikaschoten, 6 Strauchtomaten, ¼ TL Meersalz, 1 EL Olivenöl, 120 ml Kochsahne (zu gleichen Teilen Milch und Sahne vermengt)

Zubereitung:

1. Ofen auf 200°C vorheizen. Paprika halbieren und das Innere wegschneiden. Tomaten halbieren und das Grüne wegschneiden. Paprika und Tomaten mit der offenen Seite nach oben hin auf ein mit Backpapier ausgelegtes Backblech geben. Mit Salz beträufeln und umdrehen, sodass die offene Seite nun nach unten zeigt. Mit Olivenöl beträufeln und eine Stunde backen.
2. Anschließend die Haut von den Tomaten und der Paprika (die äußere Schicht) abziehen. Am besten dafür mit einer Pinzette arbeiten. Ggf. vorher eine Minute in einem Dampfgarer dämpfen – dann lässt sich die Haut fast wie von selbst abziehen.
3. Alle Zutaten in einen Mixer geben. Bis zur gewünschten Konsistenz mixen und genießen.

Schmeckt auch kalt vorzüglich.

238 Kalorien | 14 g Fett | 24 g Kohlenhydrate | 6 g Proteine

Auberginensuppe

2 Portionen – 1 Stunde 30 Minuten Zubereitungszeit

Zutaten: 2 große Tomaten, 1 große Aubergine, 1 große, rote oder gelbe Paprikaschote, 5 Knoblauchzehen, 1 EL Olivenöl, 500 ml Gemüsebrühe, 120 ml Kochsahne (alternativ: 150 ml mehr Gemüsebrühe verwenden), 2 TL Räucherpaprikapulver, ½ TL Salz, ½ TL Knoblauchpulver, ½ TL Cayennepfeffer (optional), Croutons (zum Servieren), Koriander oder Petersilie zum Garnieren

Zubereitung:

1. Ofen auf 200°C vorheizen. Das Gemüse längsseitig halbieren. Das Grüne von den Tomaten und der Aubergine entfernen. Das Paprikainnere entfernen.
2. Das Gemüse auf ein mit Backpapier ausgelegtes Blech geben – die offene Seite nach oben. Knoblauchzehen gleichmäßig auf dem Blech verteilen und das Gemüse mit Olivenöl benetzen.
3. 1 Stunde und 20 Minuten im Backofen backen. Nach der Hälfte der Zeit sollte das Gemüse einmal gewendet werden. Falls der Knoblauch anzubrennen droht, einfach mit den Paprikahälften „zudecken."
4. Optional die Haut vom Gemüse abziehen.
5. Das fertige Gemüse grob hacken und mitsamt Gemüsebrühe im Mixer mixen.
6. Die Suppe mit den restlichen Zutaten verfeinern und servieren.

302 Kalorien | 15 g Fett | 40 g Kohlenhydrate | 9 g Proteine

Wer mag, mischt zum Schluss noch Bratkartoffeln (gewürfelt) unter, um das Gericht noch gehaltvoller zu gestalten. Nährwerte ohne Croutons.

„Essen und Trinken sind zwei Tätigkeiten, die einen Menschen auch ohne Arbeit vollkommen ausfüllen können" – Unbekannt

Hackgefüllte Brötchen mit Kürbispüree

8 Portionen – 40 Minuten Zubereitungszeit

Zutaten: 500 g (selbstgemachtes) Hühnchenhack oder Hähnchengeschnetzeltes (alternativ: Rinderhack verwenden), 2 Frühlingszwiebeln (fein geschnitten), ¼ TL Salz, ¼ TL Pfeffer, 60 g Kürbispüree (alternativ: Kartoffelpüree verwenden), 120 g Mozzarella (gerieben oder gewürfelt), 8 kleine Brötchen, 60 ml Nudelsauce nach Wahl (z.B.: Oro di Parma Pastasauce, ggf. mehr verwenden)

Zubereitung:

1. Ofen auf 220°C vorheizen. Ein mit Backpapier ausgekleidetes Backblech bereitlegen. In einer Schüssel Hack, Frühlingszwiebeln (alle Teile), Salz, Pfeffer, Püree und die Hälfte des Mozzarellas vermengen.
2. Die Brötchen innen aushöhlen. Die vermengte Hackmischung in acht Portionen aufteilen und in die Brötchen geben. Pastasauce darübergießen und den restlichen Mozzarella über die Brötchen träufeln. 30 Minuten backen. Mit ein wenig zusätzlichen Frühlingszwiebeln als Garnierung servieren.

Kürbispüree lässt sich leicht selbst herstellen, indem man einen Kürbis würfelt und in einem Topf mit kochendem Wasser 20 Minuten weichkocht. Wasser abschütten und mit einem Pürierstab den Kürbisbrei verrühren. Portionsweise Wasser zugeben und vermengen, bis sich eine breiähnliche Konsistenz gebildet hat. Fertig.

346 Kalorien | 8 g Fett | 37 g Kohlenhydrate | 30 g Proteine

Zwiebelsuppe aus dem Ofen

4 Portionen – 2 Stunden 40 Minuten Zubereitungszeit

Zutaten: 5 große Zwiebeln, 2 EL Olivenöl, 1 EL Butter, 60 ml Wermut (optional), 2 Liter Gemüsebrühe, Salz und Pfeffer zum Abschmecken, ein wenig Thymian zum Garnieren

Zubereitung:

1. Ofen auf 200°C vorheizen. Zwiebeln hauchdünn schneiden. Olivenöl in einen Feuertopf (oder Keramiktopf) geben. Mit den Zwiebeln auskleiden. Deckel drauf und ab in den Ofen.
2. 90 Minuten backen – dabei alle 20 Minuten kurz innen umrühren. Feuertopf aus dem Ofen nehmen. Deckel runter und Butter (sowie optional Wermut) zugeben. Gut vermengen, bis die Butter sich komplett verflüssigt hat. Gemüsebrühe zugeben und wieder zudecken. Eine weitere Stunde im Ofen backen.
3. Mit Salz und Pfeffer abschmecken. Mit Thymian garniert servieren und genießen.

Wer mag, gibt der fertigen Suppe ein wenig Crème Fraîche und Tomatenwürfel hinzu. Nährwerte inklusive Wermut.

182 Kalorien | 7 g Fett | 24 g Kohlenhydrate | 3 g Proteine

Leckere Ofenideen:

„Hätte der liebe Gott die Erdbeeren und den Knoblauch nicht geschaffen, dann wäre die Schöpfung nicht perfekt." – Unbekannter Autor

Manchmal muss es etwas Ungewöhnliches oder Ausgefallenes sein. Ganz gleich ob der Herd in der neuen Küche noch nicht da ist, man in einer Studentenwohnung nur einen kleinen Pizzaofen zur Verfügung hat oder einfach weil man es kann: Der Phantasie sind kaum Grenzen gesetzt. Zum Beispiel mit Reis aus dem Backofen: Den Ofen auf 200°C vorheizen und in einer Auflaufform 200 g Reis mit 500 ml Wasser (im Wasserkocher zum Kochen gebracht) mitsamt einer Prise Salz und einem Klecks Butter 20 Minuten backen (die Form am besten mit einer Alufolie oder Ähnlichem zudecken).

Gebackene Milch

Ergibt ca. 180 ml – 5 Stunden Zubereitungszeit

Zutaten: 500 ml Milch

Zubereitung:

1. Ofen auf 160°C vorheizen. Milch zwischenzeitlich in einem ofenfesten Topf zum Kochen bringen. Anschließend in den vorgeheizten Backofen geben.
2. Ohne Deckel im Topf 2,5 Stunden backen. Anschließend den Ofen ausschalten und die Milch weitere 2 Stunden im Ofen ruhen lassen.
3. Die fertige Milch sollte mit einer dicken, braunen Schicht benetzt sein. Je nach persönlichem Gusto kann man diese wegwerfen und die Milch entsprechend abschütten – oder essen.
4. Hält sich im Kühlschrank 2-3 Tage.

Man kann wirklich verrückte Dinge im Backofen machen. Ernsthaft: Eignet sich ideal, um frische Milch vom Bauernhof haltbarer zu machen, wenn man diese nicht sofort verbrauchen will und sie sonst schlecht wird.

297 Kalorien | 16 g Fett | 23 g Kohlenhydrate | 15 g Proteine

Eier aus dem Ofen

6 Portionen – 45 Minuten Zubereitungszeit

Zutaten: 6 Eier

Zubereitung:

1. Ofen auf 180°C vorheizen.
2. Die rohen Eier in eine Muffinform geben.
3. 30-40 Minuten backen.
4. Servieren.

„Gericht" kann man das eigentlich nicht nennen. Allerdings ist es eine interessante Lösung, wenn man sowieso auf einer anderen Schiene im Ofen etwas zubereiten möchte – gerade wenn man den Herd gleichzeitig anderweitig braucht. So muss man letztendlich nur „in Gerät" putzen.

68 Kalorien | 5 g Fett | 1 g Kohlenhydrate | g Proteine

Selbstgemachtes, glutenfreies Brot

1 Brot – 55 Minuten Zubereitungszeit

Zutaten: 500 ml Wasser, 180 g Kichererbsenmehl, Kräuter je nach persönlichem Gusto: Thymian, Rosmarin und falls Sie es scharf mögen Chilipulver, eine Prise Himalayasalz, 2 EL Olivenöl, ein wenig Dip nach persönlichem Gusto

Zubereitung:

1. Den Ofen auf 180°C vorheizen.
2. In der Zwischenzeit alle Zutaten mit einem Mixer pürieren.
3. Die Mischung auf einem Backblech verteilen (mit ein bisschen Olivenöl bestreichen).
4. Für etwa 30-40 Minuten backen.
5. Mit (vegetarischem) Dip Ihrer Wahl servieren.

Kichererbsen sind eine wunderbare Allzweckzutat, welche in keiner heutigen Küche fehlen sollte. Es empfiehlt sich in unseren Breiten, die Dosenkichererbsen zu kaufen und über Nacht selbst einzuweichen – sie stellen den idealen Kompromiss zwischen Preis und Qualität dar. Nährwerte pro Brot.

971 Kalorien | 43 g Fett | 104 g Kohlenhydrate | 40 g Proteine

Zucchini-Chips

4 Portionen – 55 Minuten Zubereitungszeit

Zutaten: 2 Zucchini (in dicke Scheiben geschnitten), 25 g Semmelbrösel, 25 g Parmesan, 2 TL Speiseöl oder Kochspray, 1 EL Natives Olivenöl Extra, 1 Messerspitze Salz, ein wenig gemahlener, schwarzer Pfeffer

Zubereitung:

1. Den Ofen auf 230°C vorheizen. Das Backblech mit Kochspray einsprühen oder mit Öl einfetten.
2. In einer Schüssel die Zucchini mit dem Öl vermengen.
3. In einer weiteren Schüssel den Parmesan mit Salz, Pfeffer und Semmelbröseln vermischen.
4. Die Zucchini in die Parmesan-Mischung geben und gut vermengen.
5. Die Zucchinischeiben auf das Backblech legen und ungefähr 30 Minuten lang backen, oder bis die Zucchini braun und knusprig geworden sind.
6. Heiß servieren.

Die Scheiben sollten wirklich dick sein. Alles unter einem halben Zentimeter läuft Gefahr zu sehr anzubrennen.

105 Kalorien | 6 g Fett | 9 g Kohlenhydrate | 5 g Proteine

Spiralförmige Jicama-Pommes

1 Portion – 45 Minuten Zubereitungszeit

Zutaten: 1 große Jicama/Yambohne (spiralisiert zu Nudeln), 2 EL Olivenöl, 1 EL Zwiebepulver, 2 TL Cayennepfeffer, 2 TL Chilipulver

Zubereitung:

1. Backofen auf 210°C vorheizen. Die „Nudeln" bereitlegen und mit einer Schere mundgerecht schneiden.
2. Die Nudeln auf einem großen Backblech ausbreiten, mit Öl beträufeln und vermengen.
3. Mit Salz, Zwiebelpulver, Chilipulver und Cayennepfeffer würzen.
4. Wieder vermengen.
5. Alles für 15 Minuten im Ofen backen und dann wenden.
6. Die Nudeln für weitere 10-15 Minuten backen.

Jicama sind leider nicht überall gut erhältlich. Neben den üblichen Verdächtigen – Alnatura und Co. – lohnt es sich hier durchaus, einfach über einen der seriösen Onlineanbieter eine Vorratspackung zu bestellen.

227 Kalorien | 5 g Fett | 4 g Kohlenhydrate | 21 g Proteine

Knusprige Nudeln Paleostyle

1 Portion – 45 Minuten Zubereitungszeit

Zutaten: 1 große (innen) weiße Süßkartoffeln (geschält, in Spiralen geschnitten – erkennt man von außen an der violett-rötlichen Farbe und eher unförmigen Form), 3 EL Kokosöl (zerlassen), ½ TL Meersalz, ½ TL Pfeffer

Zubereitung:

1. Den Ofen auf 190°C vorheizen.
2. Die Süßkartoffel durch Rühren mit Kokosöl und den Gewürzen bedecken.
3. Für 35 Minuten im Ofen backen.

Weiße Süßkartoffeln gibt es bei Alnatura oder – zum selber züchten – beim gut sortierten Gartenbedarf (z.B. Dehner).

222 Kalorien | 6 g Fett | 6 g Kohlenhydrate | 7 g Proteine

Ofenkartoffelsticks

4 Portionen – 55 Minuten Zubereitungszeit

Zutaten: 8 Süßkartoffeln (in kleine Stücke geschnitten), ½ TL Paprikapulver, 1 EL Olivenöl

Zubereitung:

1. Ofen auf 200°C vorheizen.
2. In einer großen Schüssel Olivenöl mit Paprika vermengen. Kartoffelstücke hineingeben und gut schütteln, damit diese „mariniert“ werden.
3. Auf einem Backblech (mit Backpapier ausgelegt) 40 Minuten im Backofen backen.
4. Fertig.

Geht natürlich auch mit „normalen“ Kartoffeln, aber von der Konsistenz her eignen sich Süßkartoffeln eine Spur besser.

280 Kalorien | 4 g Fett | 51 g Kohlenhydrate | 4 g Proteine

Pizzen:

„Das Leben ist zu kurz um schlecht zu Essen." – Volker Neufang

Was wäre ein Blechkochbuch ohne einige Pizzagerichte? Die Auswahl der Rezepte ist bewusst „exotischer" gewählt – um ein paar ungewöhnliche Anregungen zu geben, anstatt „immer nur" Pizza Margherita anzupreisen. Ein kleiner Vorschlag für eine leckere, selbstgemachte Pizzasauce: 2 EL Olivenöl, 2 EL Butter, 2 Zwiebeln (gewürfelt), eine Prise Chili, 4 TL Basilikum, 2 TL Oregano, 1 kg Dosentomaten (stückig-scharf), 8 EL Tomatenmark, eine Handvoll Parmesan (gerieben), 2 TL braunen Zucker, 300 ml Wasser sowie ein wenig Salz und Pfeffer richten. Alles (ggf. portionsweise) in einem Mixer zu einer einheitlichen Masse mixen – oder auf kleiner Flamme im Kochtopf 5-15 Minuten köcheln und vermengen. Fertig.

Paleo Meatza Supreme

4 Portionen – 30 Minuten Zubereitungszeit

Zutaten: 450 g Rinderhack, 1 TL italienische Würzmischung, ½ TL Zwiebelpulver, ¼ TL schwarzer Pfeffer, eine Peperoni (in Scheiben geschnitten), eine rote Zwiebel (in dünne Ringe geschnitten), eine Handvoll Champignons (geviertelt), 450 g Salami (in Scheiben), ¼ TL Knoblauchpulver, ¼ TL Salz, etwas Tomatensauce, eine grüne Paprika (gewürfelt), eine Handvoll schwarze Oliven (in Scheiben geschnitten)

Zubereitung:

1. Ofen auf 230°C vorheizen. Wurst, Rindfleisch, Zwiebelpulver, Salz, Knoblauchpulver und schwarzen Pfeffer mischen.
2. Die Masse in zwei gleiche Teile teilen und in ausgekleidete Backformen (rund) geben. Mit den Händen gleichmäßig verteilen.
3. Tomatensauce darauf geben. Dann Peperoni und Zwiebeln, Oliven, Paprika sowie Champignons dazugeben.
4. 20 Minuten backen. Abkühlen lassen und dann in mundgerechte Portionen schneiden.

Scharfe, italienische Salami aus dem Fachgeschäft oder der Spezialitätenecke eignet sich für das Gericht am besten. Wie man sieht, kommt dieses Gericht ohne handelsüblichen Pizzateig aus – ideal für Low-Carb-Freunde. Nährwerte für die gesamte Pizza.

308 Kalorien | 16 g Fett | 2 g Kohlenhydrate | 35 g Proteine

Paleo-Hawaii-Pizza

2 Portionen – 30 Minuten Zubereitungszeit

Zutaten:

Teig: 4 Eier, 70 g Naturjoghurt, 1 TL Oregano, 30 g Kokosnussmehl (non-paleo-alternativ: Mehl Type 405), 40 g Parmesan (gerieben), eine Prise Salz

Topping: 150 g Tomatenmark, ¼ Zwiebel (in Scheiben geschnitten), 120 g Ananasstücke, 210 g Mozzarella (gerieben), 2 Knoblauchzehen (zermahlen), 60 g Schinken (fein geschnitten)

Zubereitung:

1. Joghurt, Eier (aufgeschlagen) und Salz vermengen. Mehl sieben und in die Eiermasse geben. Oregano und Käse unterrühren.
2. Teig in zwei runde Formen auf einem Backblech verteilen.
3. 10 Minuten backen (200°C). Tomatenmark und Knoblauch zwischenzeitlich vermischen und dann auf den gebackenen Teig geben.
4. Käse, Zwiebeln und Ananas zugeben.
5. Weitere 10 Minuten backen.
6. Servieren und genießen.

Kokosnussmehl gibt es bei Rossmann, DM und Alnatura zu vertretbaren Preisen zu kaufen. Nährwerte pro ¼ Pizza.

217 Kalorien | 16 g Fett | 10 g Kohlenhydrate | 30 g Proteine

Vegane Pizza mit Spinat, Pesto und Gemüse

4 Portionen – 20 Minuten Zubereitungszeit

Zutaten:

Teig: 85 g Hanfsamen, 65 g rohe Kürbiskerne, 30 g Sonnenblumenkerne, 1 TL Salz, 1 TL schwarzer Pfeffer, 1 EL Ahornsirup, 75 g Zwiebeln (in Ringe geschnitten), 120 g Walnüsse (ohne Schale und klein geschnitten), 2 TL Basilikum, 2 EL Wasser, 4 Knoblauchzehen

Pesto: 1,1 kg Biospinat, 1 Knoblauchzehe, ½ TL schwarzer Pfeffer, 1 TL Ahornsirup, 70 g Pinienkerne, ½ TL Salz

Topping: 3 Speisepilze nach Wahl (halbiert), 1 Tomate (in Scheiben), 1 TL Kräutermischung nach Wahl, 1 Paprika (gewürfelt), 1 TL Tamari (alternativ: Handelsübliche Sojasauce)

Zubereitung:

1. Teig: Alle Zutaten für den Teig verrühren, bis sich eine einheitliche Masse bildet.
2. Teig in vier gleich große Stücke aufteilen und auf ein Backpapier geben.
3. Backpapier mit Teig auf ein Backblech legen und 10 Minuten bei 200°C backen.

230 Kalorien | 15 g Fett | 37 g Kohlenhydrate | 57 g Proteine

Zubereitung:

4. Pesto: Alle Zutaten für das Pesto vermengen.
5. In einer zugedeckten Schüssel kühl lagern.
6. Topping zubereiten: Gemüse in dünne Scheiben schneiden und mit Kräutermischung sowie Tamari kombinieren.
7. 5 Minuten im noch warmen Ofen backen, bis die Masse weich wird.
8. Alles zusammensetzen: Pesto auf Teig verteilen und mit Topping belegen.

Statt Hanfsamen, kann man auch Lein- oder Chiasamen verwenden. Nährwertangaben auf die ganze Pizza bezogen. Nährwerte pro ¼ Pizza.

„Unregelmäßige Mahlzeiten sind der Beginn der Krankheit" – Babylonischer Talmud

Glutenfreie Peperonipizza

4 Portionen – 65 Minuten Zubereitungszeit

Zutaten: 150 g weißes Reismehl, 150 g braunes Reismehl, 125 g Tapiokamehl, ¾ TL Xanthan als Verdickungsmittel, ½ TL Backpulver, 1 EL Hefe, 1 EL Olivenöl, 1 TL Salz, 3 EL Zucker, 300 ml warmes Wasser, 230 g veganer Mozzarella, 220 g Pizzasauce nach Wahl (alternativ: Tomatensauce stückig-scharf aus der Dose), 1 Paprika (in Scheiben geschnitten), 2 Zwiebeln (gewürfelt), 1 Peperoni (für das Feuer)

Zubereitung:

1. Ofen auf 180°C vorheizen. 150 ml warmes Wasser und Hefe in einer Schüssel vermengen. Für 5 Minuten beiseitestellen und Zucker dazugeben.
2. Mehl in eine Schüssel geben und Hefe sowie restliches Wasser mitsamt Olivenöl dazugeben. Mit einem Holzlöffel mischen.
3. Auf einem Backblech mit Backpapier den Teig verteilen. Mit ein wenig Mehl das Backpapier vorher beträufeln, damit nichts anklebt.
4. 25 Minuten backen.
5. Anschließend die Pizzasauce, Zwiebeln, Paprika, veganen Mozzarella und Peperoni auf dem Teig verteilen.
6. Weitere 15 Minuten backen, bis der Käse geschmolzen ist.

314 Kalorien | 8 g Fett | 47 g Kohlenhydrate | 15 g Proteine

Diese Pizza benötigt einige „exotische" Zutaten, die man jedoch alle im gut sortierten Fachhandel – z.B. bei Alnatura oder im Reformhaus – bekommt. Selbstverständlich kann man auch „glutenhaltige" Zutaten verwenden, um die Pizza mit „gewöhnlichen" Ingredienzen zuzubereiten. Nährwerte pro ¼ Pizza.

„Soll das Essen dir gedeih'n, musst du heiter dabei sein" – Sprichwort

Vegetarische Rezepte:

"Hunger macht Essen zur Notwendigkeit, Appetit dagegen zum Vergnügen." – Monika Kühn-Görg

Es muss nicht immer Fleisch (und Fisch) sein. In den Gerichten hier wird nach der "lockeren" Definition von vegetarisch durchaus auch mit tierischen Produkten gearbeitet, z.B. mit Eiern. Inzwischen gibt es jedoch bei Alnatura und Co. sowie teils im gewöhnlichen Supermarkt für fast alle Zutaten entsprechende Ersatzprodukte, wenn man es z.B. veganer gestalten möchte. Apropos, ein Hinweis an die Fleischliebhaber: "Überraschend oft schmeckt ein vegetarisches/veganes Gericht mit ein wenig Hühnergeschnetzeltem einfach göttlich!" Es ist keine Schande, wenn man mit vegetarisch-veganen Gerichten experimentiert und diese dann – ggf. – mit Fleisch "verfeinert". Man erhält so oft wirklich leckere Gaumenfreuden, die ein wenig von den Standardschemata abweichen. Eine wichtige Grundlage für viele vegetarische Speisen sind Kichererbsen: Gut, günstig – lecker. Am besten (in unseren Breiten) kauft man Bio-Kichererbsen aus der Dose und lässt diese 12-24 Stunden in Wasser einweichen. Anschließend abtropfen und auf ein mit Backpapier ausgekleidetes Backblech geben. Cayennepfeffer, Kerbel und einen Hauch italienische Kräuter darübergeben. 30 Minuten rösten. Mit ein paar Cocktailtomaten (geschnitten) und Feta (zerrieben) in einer Schüssel vermengen. Einen Schuss Balsamicoessig hinzu – fertig ist der einfache Kichererbsensalat. Gerne darf beim Dressing experimentiert werden.

Feine Süßkartoffelwedges

4 Portionen – 45 Minuten Zubereitungszeit

Zutaten: 6 Süßkartoffeln (geschält und in Wedgesform geschnitten), 4 EL Kokosnussöl, 1 TL Currypulver, 1 Prise Salz, 2 Zucchini (spiralisiert oder hauchdünn geschnitten)

Zubereitung:

1. Ofen auf 220°C vorheizen.
2. Kartoffeln und Kokosnussöl mitsamt Salz sowie Curry vermengen.
3. Kartoffeln gleichmäßig auf einem Backblech verteilen.
4. Backen lassen sowie ab und zu wenden.
5. Nach 15 Minuten Backzeit die Zucchini über das Backblech und die Kartoffeln streuen.
6. Weitere fünf Minuten backen.
7. Kurz abkühlen lassen und genießen.

Funktioniert natürlich auch mit handelsüblichen, festkochenden Kartoffeln.

306 Kalorien | 14 g Fett | 42 g Kohlenhydrate | 4 g Proteine

Süßkartoffeln thailändischer Art

3 Portionen – 2 Stunden Zubereitungszeit

Zutaten: 3 Süßkartoffeln, 120 ml Kokosnussmilch, 70 g Mandelbutter, 1 EL Sojasauce, 1 EL Chilisauce, 1 TL Olivenöl, 1 TL Paprikapulver, 2 Knoblauchzehen (zermahlen), 2 Tropfen Stevia, 1 Prise Salz, 2 EL Kokosnussöl, 200 g Kichererbsen (gekocht und abgetropft), 1 rote Paprika (geschnitten), 1 Messerspitze Knoblauchpulver, 1 Prise Pfeffer, 2 Zwiebeln (gewürfelt), 1 EL Koriander, eine Handvoll Cashewcreme

Zubereitung:

1. Ofen auf 200°C vorheizen. Kartoffeln mit Messer halbieren. 80 Minuten im Backofen in Folie eingewickelt backen.
2. Knoblauch, Paprikapulver, Olivenöl, Knoblauchsauce, Sojasauce, Kokosnussmilch und Mandelbutter im Mixer mixen. Mit Stevia süßen.
3. Rote Paprika, Zwiebel und Kichererbsen in Kokosnussöl fünf Minuten sautieren.
4. Gebackene Kartoffelhälften mit sautierten Zutaten und der gemixten Paste beschmieren.
5. Mit Koriander und Cashews garnieren. Genießen.

Wer mag, kocht die Kichererbsen nicht mit, sondern gibt einfach im letzten Schritt ofengeröstete Kichererbsen hinzu (dazu einfach eingeweichte und abgetropfte Kichererbsen 30 Minuten auf einem Blech bei 180°C rösten.

687 Kalorien | 42 g Fett | 69 g Kohlenhydrate | 19 g Proteine

Gebratener Rosenkohl

2 Portionen – 1 Stunde Zubereitungszeit

Zutaten: 750 g Rosenkohl (geschnitten), 3 EL Olivenöl, 1 TL Sa z, ½ TL schwarzer Pfeffer

Zubereitung:

1. Ofen auf 200°C vorheizen.
2. Rosenkohl in Schüssel geben. Mit Olivenöl, Salz und Pfeffer abschmecken.
3. Auf einem Backblech verteilen. Auf mittlerer Schiene in den Ofen geben.
4. 30-45 Minuten im Backofen rösten. Gelegentlich das Backblech kurz rausnehmen und ein wenig schütteln, damit nichts anbrennt und alles schön gleichmäßig gebräunt wird.
5. Heiß genießen.

Wird richtig gehaltvoll, wenn man 15 Minuten vor Backende den Rosenkohl ausgiebig mit Parmesan bestreut.

335 Kalorien | 20 g Fett | 35 g Kohlenhydrate | 13 g Proteine

Yamswurzel- und Gemüsemix

6 Portionen – 1 Stunde 50 Minuten Zubereitungszeit

Zutaten: 1 große Yamswurzel (geschält und in Würfel geschnitten), 50 g kleine Karotten, 1 große Pastinake (geschält und in Scheiben geschnitten), 1 Zucchini (in Scheiben geschnitten), 1 Bund Spargel (geputzt und in Stücke geschnitten), eine Handvoll Basilikum (frisch gehackt), 90 g geröstete, rote Paprika (in Stücke geschnitten), 2 Knoblauchzehen (fein gehackt), ½ TL natriumarmes Salz, ½ TL schwarzer Pfeffer, 2 EL Natives Olivenöl Extra (auf zwei Portionen aufgeteilt)

Zubereitung:

1. Ofen auf 220°C vorheizen. Zwei Backbleche mit jeweils einem Esslöffel Olivenöl einfetten. Die Yamswurzel zusammen mit der Pastinake und den Karotten auf die Backbleche geben – 35 Minuten im Ofen backen.
2. Nach 35 Minuten den Spargel und die Zucchini zugeben. Mit restlichem Olivenöl beträufeln.
3. Weitere 30 Minuten backen, oder bis das Gemüse zart geworden ist.
4. Aus dem Ofen nehmen und das Gemüse 30 Minuten abkühlen lassen. Dann in eine Rührschüssel geben und mit restlichen Zutaten vermengen.
5. Servieren und genießen.

Die Yamswurzel gibt es üblicherweise im Drogeriemarkt oder in der Spezialitätenecke des Supermarktes zu kaufen.

217 Kalorien | 16 g Fett | 10 g Kohlenhydrate | 30 g Proteine

Gefüllte Paprika

4 Portionen – 50 Minuten Zubereitungszeit

Zutaten: 4 grüne Paprika, 4 Brühwürstchen/Knackwürstchen (oder übriggebliebene Bratwurst vom Vortag), 2 kleine Zwiebeln, 120 g fettarmer Frischkäse, 90 g Parmesan, 4 Eier

Zubereitung:

1. Den Ofen auf 200°C vorheizen. Die Wurst von ihrer Pelle befreien und ggf. in der Pfanne garen, sie dabei in kleine Stücke zerteilen.
2. Die Stielenden der Paprikaschoten abschneiden und die Kerne entfernen.
3. Die abgeschnittenen Deckel der Paprikaschoten hacken.
4. Die Zwiebeln hacken. Anschließend die Zwiebeln und die gehackten Paprikadeckeln (in einer Pfanne) anbraten.
5. Parmesan würfeln. Käse, Paprikawürfel von den Deckeln, Zwiebeln, Frischkäse und Wurst vermengen.
6. Paprika mit der Mischung füllen und mit einem Ei bedecken.
7. In den Ofen stellen und 20 Minuten lang backen.
8. Aus dem Ofen nehmen und etwas abkühlen lassen.
9. Servieren und genießen.

Schmeckt auch am nächsten Tag als kalter Pausenbrotsnack.

284 Kalorien | 8 g Fett | 12 g Kohlenhydrate | 30 g Proteine

Avocado-Tacos

6 Portionen – 25 Minuten Zubereitungszeit

Zutaten: 3 Avocados (geschält, entkernt und püriert), 40 g Zwiebeln (gewürfelt), 12 Maistortillas, ¼ TL Knoblauchsalz (z.B. von Bad Reichenhaller aus dem Supermarkt), 1 Bund Korianderblätter (gehackt), scharfe Paprikasauce (Menge nach persönlichem Gusto)

Zubereitung:

1. Den Ofen auf 160°C vorheizen.
2. In einer mittelgroßen Schüssel die Avocados mit den Zwiebeln und dem Knoblauchsalz vermengen.
3. Die Maistortillas in einer Schicht auf ein großes Backblech legen und ungefähr 2-5 Minuten in den Ofen stellen.
4. Die Avocado-Mischung auf den Tortillas verteilen und mit dem Koriander garnieren.
5. Mit der Paprikasauce beträufeln und servieren.

Harissa ist hier der ideale Saucenbegleiter.

266 Kalorien | 16 g Fett | 38 g Kohlenhydrate | 5 g Proteine

Gerösteter Rosenkohl

6 Portionen – 55 Minuten Zubereitungszeit

Zutaten: 750 g Rosenkohl (geputzt und ohne gelbe Blätter), 3 EL Olivenöl, 1 TL Salz, ½ TL schwarzer Pfeffer

Zubereitung:

1. Den Ofen auf 200°C vorheizen.
2. Den Rosenkohl in eine Rührschüssel geben. Mit Olivenöl, Salz und Pfeffer würzen.
3. Auf ein Backblech geben und auf der mittleren Schiene in den Ofen schieben.
4. Den Rosenkohl ungefähr 30-45 Minuten lang rösten, dabei ab und zu rütteln, damit er gleichmäßig braun wird.
5. Sofort servieren.

Vergleichsweise schnell, einfach – magenfüllend. Ideal zum Abnehmen.

116 Kalorien | 8 g Fett | 11 g Kohlenhydrate | 4 g Proteine

Lauch-Käse-Auflauf

6 Portionen – 1 Stunde Zubereitungszeit bzw. über Nacht vorbereiten

Zutaten: 1 TL (gesalzene) Butter, 300-350 g Apostelkuchen/Brioche, 1 Lauch (nur das Weiße und die ganz hellen, grünen Teile), 1 EL Olivenöl, 120 g Babyspinat/Junger Spinat, ½ TL Chilipulver, 100 g Ziegenkäse, 5 Eier, 300 ml Milch, 1 EL Dijonsenf, ½ TL Salz zum Abschmecken, ½ TL Pfeffer, 130 g geriebener Mozzarella, ein wenig Dill zum Garnieren

Zubereitung:

1. Ofen nicht vorheizen. Eine ofengeeignete Grillpfanne (oder eine Auflaufform) mit Butter bestreichen. Den Boden mit gewürfelter Brioche auskleiden. Lauch waschen und in kleine Ringe schneiden. In einer kleinen Pfanne mit ein wenig Olivenöl ca. 5 Minuten unter gelegentlichem Umrühren weich brutzeln. Spinat und Chilipulver hinzugeben. Weiterbrutzeln, bis der Spinat weich wird.
2. Die Lauch-Spinat-Mischung über die Brotkrumen geben. Anschließend den Ziegenkäse zerbröseln und ebenfalls in der Grillpfanne gleichmäßig verteilen.
3. In einer Schüssel Milch und Eier vermengen. Senf, Salz und Pfeffer zugeben. Erneut gut vermengen. Die fertige Mischung ebenfalls in die Grillpfanne geben. Insbesondere die Brotkrumen sollten schön bedeckt sein. Mit geriebenem Mozzarella garnieren und mit einer Alufolie zugedeckt über Nacht im Kühlschrank ruhen lassen.

484 Kalorien | 29 g Fett | 35 g Kohlenhydrate | 21 g Proteine

Zubereitung:

4. Die Grillpfanne aus dem Kühlschrank nehmen und eine Stunde auf Raumtemperatur erwärmen lassen. Den Ofen auf 180°C vorheizen. Immer noch mit Folie zugedeckt 15 Minuten in den Ofen geben.
5. Anschließend die Folie abnehmen und weitere 30 Minuten backen lassen.
6. Mit Dill garniert servieren.

Statt Brioche kann man natürlich auch alltagsübliche Brotreste verwenden. Frisches Vollkornbrot eignet sich ebenfalls vorzüglich.

„Über dem vollen Bauch lächelt ein fröhliches Haupt“ – Sprichwort

Bildquellen/Druckinformationen

Bildercover: depositphotos.com;

@ bhofack2 (ID 56360285); @ sonyakamoz (ID 138223054)

Onepixel.com;

@ Joshua Resnick (ID 745099); @ Artcookstudio (ID 3850896)

Printausgabe Schwarz-Weiß-Taschenbuch:

Amazon Media EU S.à.r.l.

5 Rue Plaetis

L-2338 Luxemburg

Andere Druckausgaben:

epubli, ein Service der neopubli GmbH, Berlin

Verlag:

BookRix GmbH & Co. KG

Sonnenstraße 23

80331 München

Deutschland

Printed in Poland
by Amazon Fulfillment
Poland Sp. z o.o., Wrocław

59607217R00052